La Renaissance du stoïcisme au seizième siècle

Léontine Zanta

Paris, 1914

Édition : BoD · Books on Demand, 31 avenue Saint-Rémy,
57600 Forbach, bod@bod.fr
Impression : Libri Plureos GmbH, Friedensallee 273,
22763 Hamburg (Allemagne)
ISBN : 978-2-3225-6136-0
Dépôt légal : Avril 2025

LA
RENAISSANCE DU STOÏCISME

AU
XVIe SIÈCLE

THÈSE POUR LE DOCTORAT ÈS LETTRES

PRÉSENTÉE À LA FACULTÉ DES LETTRES DE L'UNIVERSITÉ DE PARIS (1914)

PAR

LÉONTINE ZANTA

TABLE DES MATIÈRES

Individualisme, constance dans l'effort, amour de la gloire. — Apologie de la nature, de la force et du succès. — l'Épicurisme : corruption des mœurs. — Stoïcisme comme réaction contre l'épicurisme. —

Esprit philosophique marqué de scepticisme laissant le champ libre au stoïcisme. — Stoïcisme chrétien ou néo-stoïcisme aboutissant de cette renaissance du stoïcisme.

Chapitre

Caractères de ce mouvement favorisé par l'humanisme, mais humanisme chrétien. — Humanisme païen. — Scepticisme dogmatique aboutissant à la raison pratique. — Néo-stoïcisme. — Sous forme apologétique, le Manuel d'Épictète sert d'introduction au christianisme

Chapitre

Individualisme moins marqué qu'en Italie. — Réaction contre Aristote. — Ramus. — Traduction des vies de Plutarque : exemples concrets de sages stoïciens. — Épicurisme. — Stoïcisme comme réaction contre l'épicurisme. Néo-stoïcisme sous forme de sagesse laïque.

PREMIÈRE PARTIE

DISSOCIATION DES ÉLÉMENTS STOÏCIENS

CHAPITRE PREMIER

Esprit critique. — Réaction contre Aristote et la scolastique. — Stoïcisme allié de la libre pensée. — Pomponace. — Séparation du spéculatif et du pratique. Immortalité de l'âme et sanctions. — Morale indépendante réservée à une élite. — Le philosophe. — Problème de la Providence, de la liberté. — Nécessité stoïcienne. — Pomponace précurseur des défenseurs de la morale indépendante.

Morale indépendante des dogmes métaphysiques et des dogmes religieux. Rationalisme pratique. Rationalisme pédagogique : Sadolet ; en histoire : Amyot et ses traductions ; en morale pratique : Budé, Clichtove, Érasme. Le « Sequere naturam » devient le principe de toute morale. — Nombreux opuscules de morale. — Séparation de plus en plus nette du dogme et de la morale. Montaigne. Érasme. Morale naturelle. Sagesse laïque.

DEUXIÈME PARTIE

LE NÉO-STOÏCISME ET SES SOURCES

Le néo-stoïcisme utilise les éléments dissociés du stoïcisme. — Adaptation du stoïcisme au christianisme.

CHAPITRE PREMIER

Minucius Félix et la Providence. — Lactance et la finalité. — Saint Augustin et la Providence. — Résignation chrétienne et apathie stoïcienne. — L'amour de Dieu. Le mal et la volonté mauvaise. — Liberté et prescience divine. — Tertullien et le matérialisme stoïcien. — Tertullien et le panthéisme stoïcien. — Saint Clément d'Alexandrie et le panthéisme. — Origène et le panthéisme. — Morale stoïcienne et morale chrétienne chez les premiers Pères de l'Église. — Lactance, Sénèque et la loi morale. —

Clément d'Alexandrie et les actions raisonnables. —
Ascétisme stoïcien et ascétisme chrétien — Clément
d'Alexandrie et l'ἀπάθεια. — Le sage gnostique. —
Saint Ambroise et le mépris des biens extérieurs. Le
problème du Souverain Bien dans Lactance et saint
Augustin. — Mépris de l'épreuve. — Amour de
l'épreuve. — Adaptation du stoïcisme au
christianisme. — Déformation.

Chapitre

Morale stoïcienne et morale catholique au moyen
âge. — Le Manuel d'Épictète sert de manuel religieux
à des moines. — Adaptation du Manuel par saint Nil
au IVe siècle. — Paraphrase du Manuel, peut-être au
VIe siècle, d'auteur inconnu. — Utilisation du *De
Officiis* par Hildebert dans la *Moralis philosophia*. —
Jean de Salisbury et le *Policraticus*.

Chapitre

Les traducteurs utilisent le stoïcisme latin comme un
moyen pour faire revivre la morale chrétienne. — Les
Préfaces de Belleforest, de Guy Le Fèvre de La
Boderie, d'Ange Capel, du seigneur de Pressac. —
Traductions des œuvres de Platon. — Adaptation de la
morale stoïcienne à la métaphysique platonicienne
dans un but d'apologie du christianisme. — Néo-
platonisme de Boèce et de Simplicius, au V⁻ siècle et
VIe siècle. — Des platoniciens traduisent le *Manuel* :
Perotti, Politien. — Autres éditions : Haloander,
Cratander, Tusanus, Neobarius. — On y ajoute les

TROISIÈME PARTIE

DEUX NÉO-STOÏCIENS. — JUSTE LIPSE ET DU VAIR

JUSTE LIPSE

CHAPITRE PREMIER

JUSTE LIPSE. — L'ŒUVRE

CHAPITRE

L'ŒUVRE DE DU VAIR

CHAPITRE

CHAPITRE

Dieu, envers la patrie, envers la famille, envers nous-mêmes.

Chapitre

1re partie : Sujet de la *Constance*. — Du Vair souffre des malheurs de sa patrie. — Il analyse cette tristesse. — La douleur n'est rien. — La douleur est impie. — La Providence préside à l'histoire des peuples, marque la chute des États. — Explication pratique. — Optimisme de Du Vair. — *2e partie* : — Le problème de la Providence et du Destin. — Conceptions différentes de la Providence et du Destin. — Interprétation chrétienne du problème stoïcien. — Application pratique et historique. — Souffrance des bons. — Impunité des méchants. — *3e partie :* Du Vair justifie sa conduite. — Explication dans le détail de son stoïcisme chrétien, de son néo-stoïcisme. — Point de courage inutile. — Prudence et modération. — Le bon citoyen supporte, mais se défend pour défendre sa patrie. — Formule de son patriotisme. — Conclusion.

Conclusion

Le néo-stoïcisme et ses caractères. — Réaction du christianisme contre le stoïcisme renaissant. — Réaction bienveillante. — Le christianisme s'en fait un allié. — Même base rationnelle dans ces deux philosophies. — Même morale ascétique. — Le christianisme des néo-stoïciens est tout de raison et de volonté. — Le surnaturel disparaît. — Le néostoïcisme conduit au rationalisme de Descartes. — La morale de

Descartes. — Le néo-stoïcisme conduit au fidéisme de Pascal et à une réaction contre le stoïcisme. — *L'Entretien avec M. de Sacy.*

AVANT-PROPOS

Depuis quelque temps déjà, la question d'un courant stoïcien qui aurait pénétré le xvie et le xviie siècle préoccupe bien des esprits. M. Strowski l'a nettement posée dans ses *Études sur le sentiment religieux au xviie siècle en France*. M. Victor Giraud a fait à ce sujet de nombreuses et fréquentes allusions dans ses ouvrages. C'est à leurs excellents travaux que je dois d'avoir choisi ce champ d'études, ainsi qu'aux conseils de M. Gabriel Séailles, mon premier maître en philosophie, et de M. Georges Goyau, qui m'a suggéré l'idée de chercher du côté de la Réforme l'explication de certains aspects du néo-stoïcisme.

Cette étude, je devrais plutôt dire cet essai sur la Renaissance du stoïcisme au xvie siècle, est loin d'être complet, mais il offrira tout au moins l'avantage de provoquer de nouvelles recherches sur un problème qui garde toujours un intérêt d'actualité, celui des rapports de la philosophie antique et de la philosophie chrétienne.

Cette rencontre entre stoïcisme et christianisme, c'est-à-dire entre deux philosophies essentiellement morales et religieuses, s'était déjà produite aux premiers siècles de l'ère chrétienne et avait été signalée avec beaucoup de clarté dans les thèses de M. de Faye sur *Clément d'Alexandrie*, de M. Thamin sur *saint Ambroise et la morale chrétienne au IVe siècle*, de M. Pichon sur *Lactance*.

À ces maîtres, je dis toute ma gratitude ; ils ont été pour moi, soit par leurs livres, soit par leurs conseils, des guides précieux, sans lesquels il m'eût été difficile, dans un siècle aussi riche, aussi divers que le XVIe siècle, de rassembler les éléments épars du stoïcisme et d'y apporter quelque unité.

INTRODUCTION

LE MOUVEMENT STOÏCIEN DE LA RENAISSANCE

Des études intéressantes ont déjà signalé, ces dernières années, l'existence d'une restauration partielle du stoïcisme au XVIe siècle[1]. Nous avons vu là l'indication d'un mouvement plus vaste qu'il serait utile de préciser et d'étudier dans son ensemble. La renaissance du stoïcisme fera donc l'objet de cette étude ; nous essaierons de l'analyser dans ses causes profondes et souvent cachées, de la replacer dans le milieu où elle s'est produite, racontant son histoire, depuis ses humbles débuts, jusqu'au moment où elle se fixe et s'épanouit en quelque sorte dans les œuvres de deux hommes : Juste Lipse et Guillaume Du Vair, qu'on peut considérer comme les représentants authentiques d'un stoïcisme nouveau qu'il restera alors à caractériser et à définir.

Rappelons tout d'abord qu'au début de la Renaissance, l'homme, remis en face de lui-même, a repris conscience de sa force, et surtout de la force de sa raison. C'est à elle qu'il revient désormais pour demander des règles pratiques de vie, pour examiner des vérités d'ordre spéculatif. Il sépare les deux domaines du spéculatif et du pratique, autrement dit de la morale et de la foi religieuse, et réagit contre le surnaturel. Ainsi l'idéal se déplace, chaque homme le porte en soi, puisque ce n'est point autre chose que le complet épanouissement de sa nature ; et comme cette nature est universellement considérée comme bonne, chacun, en travaillant à son propre développement, pourra réaliser le bonheur particulier pour lequel il est né. Quant à l'effort nécessaire pour vivre sa vie d'homme, il est immédiatement récompensé. Nul besoin des sanctions de l'au-delà : la paix, l'harmonie intérieure sont réservées à ceux qui se rangent aux lois de la Nature, et le *Sequere naturam* devient le principe universel d'action.

Il y a plus encore : les sanctions sociales viennent s'ajouter aux sanctions individuelles ; il semble alors, en Italie surtout, que les honneurs, les dignités soient les récompenses immédiates de l'intelligence et du travail. Ces hommes de la Renaissance, qu'ils soient érudits, peintres, sculpteurs, poètes ou historiens, à quelque degré que les place d'ailleurs leur génie, ont lutté courageusement contre les obstacles qui menacent à leurs débuts tous les talents, mais ils en ont triomphé.

Telles sont les tendances nouvelles. Elles vont rencontrer et heurter des forces contraires, celles du passé et de la tradition, et un combat doit inévitablement s'engager entre cet esprit nouveau, tout teinté de paganisme, et celui des siècles passés, tout imprégné de christianisme, entre l'Autorité et la Raison. Cependant, comme le Christianisme ne peut pas ignorer l'art antique dont il sent et comprend toute la beauté, la lutte ne saurait être violente pour les esprits, du moins, qui ont développé leur sens esthétique et participé d'une manière quelconque à ce grand mouvement de la Renaissance ; aussi aboutira-t-elle en définitive à une heureuse conciliation. Mais encore faut-il que parmi les tendances philosophiques, celles-là soient choisies, qui, par nature, répugneront le moins au christianisme ; or, de toutes les morales anciennes, celle qui s'accorde le mieux avec les aspirations générales du monde religieux chrétien, c'est la morale stoïcienne. Son succès, par ce fait même, est donc assuré ; et comme, d'autre part, l'humanisme vulgarise les œuvres des stoïciens, nous pouvons reconnaître dans l'humanisme l'une des sources les plus fécondes du courant stoïcien.

1. ↑ Cf. F. Strowski, *Pascal et son temps*, 3 vol. (Paris, 1907) ; *Ibid.*, Montaigne (Paris, 1906) ; P. Villey, *Les sources et l'évolution des Essais de Montaigne*, 2 vol. (Paris, 1908) ; Thamin, *Les Idées morales au XVIIe siècle*, dans la *Revue des Cours et Conférences* (2 janvier 1896).

CHAPITRE PREMIER

Le mouvement stoïcien en Italie

L'écroulement de l'Empire en 1250, la Papauté transférée en France à partir de 1306, avaient laissé l'Italie, dès le commencement du XIVe siècle, livrée à l'anarchie. C'est alors que commencent les guerres civiles, les tyrannies locales ; le pouvoir devient l'apanage de la force, qui s'exerce, plus soucieuse de la fin que de la moralité des moyens, et c'est là, certes, une condition favorable au développement des énergies, à la glorification de l'effort ; c'est la meilleure traduction pratique du *tonos* stoïcien. Les humanistes se trouvent alors comme enveloppés d'une atmosphère de stoïcisme : partout la lutte, l'effort, et l'effort suivi de succès ; partout cet épanouissement de l'individualisme, qui permet à chacun de donner pleinement sa mesure.

L'Italie en effet fourmille de personnalités marquantes qui sont les artisans de leur propre fortune. Voyez ce Cosme de Médicis[1], simple marchand, qui arrive à éblouir Florence avec de l'argent, de l'ambition, l'expérience des hommes et des affaires ; il occupe la première place, il se fait le protecteur des lettres, encourageant leurs progrès par ses largesses ; Niccolo Niccoli[2] part du même degré de l'échelle sociale ; son luxe est tout entier dans les œuvres d'art, la recherche et l'acquisition des manuscrits. Grâce à ces Mécènes, grâce à la protection des grands, toutes les portes sont ouvertes aux artistes, aux érudits, aux humanistes surtout qui sont les porte-drapeaux de l'humanité retrouvée.

Léonard de Vinci est recherché des princes, il réside auprès du duc de Milan. À Florence, le petit-fils de Cosme de Médicis, Laurent le Magnifique, donne Michel-Ange pour compagnon à ses fils et à ses neveux. Charles-Quint accorde à Titien le titre et les privilèges de comte palatin et de conseiller impérial. Quelle influence, quel crédit que ceux de ces secrétaires pontificaux, presque tous humanistes ! Ils rendent de continuels services dans la vie publique, jouent un rôle politique dans les conciles de Bâle et de Constance, sans perdre de vue les intérêts des lettres : Pogge, au moment des démêlés entre le monastère de Hersfeld et le Pape, promet d'arranger l'affaire s'il obtient le manuscrit qu'il désire[3].

La culture intellectuelle permet donc d'espérer tous les honneurs, elle assure tous les avantages. C'est elle qui, dans l'Église, conduit aux dignités ; rappelons la rapide fortune d'Enea Silvio Piccolomini[4] qui s'éleva d'une situation voisine de la misère à celle de secrétaire particulier des grands dignitaires de l'Église ; il se fit connaître et apprécier par lui-même, prépara sa grandeur future, alors que rien cependant, dans le rôle hostile qu'il avait joué contre le Pape au concile de Bâle, ne l'y avait destiné, non plus que sa vie facile, au milieu d'amis voués au culte de l'Antiquité, mais adonnés à des mœurs rien moins qu'irréprochables. Moins haute, mais pourtant aussi rapide, est la fortune de Bessarion[5]. Lui aussi, de modeste extraction, s'élève de dignité en dignité, jusqu'au moment où, archevêque de Nicée, il accompagne l'empereur grec en Italie, travaille à la réunion des deux Églises, et enfin obtient la pourpre cardinalice.

Une telle expérience devait modifier l'idéal que concevait le Moyen Age. À la Renaissance, on est d'autant plus goûté que l'on se distingue davantage de la masse. La meilleure des règles de vie est alors de se fier à sa nature propre, dont il s'agit simplement de développer librement et harmonieusement toutes les forces. Dans cet idéal, rien d'impersonnel, rien d'absolu : il est relatif à chaque individu, soucieux du *quiddam suum ac proprium*, soucieux par suite de surpasser les autres. Qu'on se rappelle à ce sujet les terribles querelles de pamphlets des Pogge, des Filelfe, des Valla. Quelles invectives, quelles injures grossières soulève leur jalouse haine[6] !

Et cependant, cette expansion du moi, où l'intelligence tient la première place, ne manque pas de grandeur. On est capable de sacrifier des intérêts d'un ordre matériel pour conquérir la réputation d'homme de lettres. Filelfe, dont nous connaissons les goûts de luxe, incompatibles avec la vie peu lucrative d'un lettré, abandonne une position brillante à Constantinople pour revenir chercher la gloire en Italie, à ce foyer intellectuel d'où rayonnait alors la lumière qui éclairait le monde. C'est après sept ans et demi d'honneurs et de bien-être qu'il quitta Jean Paléologue pour poursuivre à Venise un avenir incertain[Z].

Mais cette conception d'un idéal de vie est relative à tout individu et n'a rien, semble-t-il, qui rappelle la loi autonome du Sage stoïcien. Ce dernier, en effet, ne relève que de sa seule volonté, mais à condition d'entendre cette volonté comme l'expression de la raison universelle. Or, pour les hommes de la Renaissance, cette volonté n'est au contraire appréciée que dans la mesure où elle ne ressemble à aucune autre. Cependant cette différence n'est point aussi absolue qu'elle le paraît au premier abord : toute conception individualiste de la vie peut créer, dans une certaine mesure, une manière de penser, de sentir et d'agir vraiment stoïcienne. Chercher en soi, pour les développer, les forces de la nature, c'est déjà substituer à un idéal objectif un idéal purement subjectif ; c'est, avant de prendre l'habitude de la réflexion profonde, tourner son regard vers le dedans et se préparer à l'examen de conscience ; c'est encore apprendre à marcher seul dans la vie, sans se soucier d'une direction extérieure ; c'est enfin croire à l'efficacité de l'effort. N'est-ce point là une conclusion pratique de cette vertu stoïcienne, où la force d'âme joue le plus grand rôle, où l'optimisme trouve son application directe dans l'identité des deux termes : vertu et bonheur ?

Chez les hommes de la Renaissance, l'idéal de la gloire vient fortifier la foi en l'efficacité de l'effort et rendre inutiles les sanctions de l'au-delà. Ils ont tous plus ou moins caressé ce rêve d'immortalité. Dante parlait déjà de l'âpre désir d'exceller[8], de l'ambition de se survivre à soi-même ; Boccace, du désir de perpétuer son nom[9] ; et Pétrarque avoue que « la gloire, dès l'enfance, fut le but de ses travaux ».

Mais, s'il est possible de rapprocher ainsi, par une certaine attitude du dedans et du dehors les hommes du XVIe siècle des stoïciens de l'antiquité, gardons-nous cependant de conclure qu'ils aient été capables de faire revivre l'âme stoïcienne. Il leur manque ce qui fait la force de toute doctrine, la foi en des dogmes compris et librement acceptés. Les humanistes se contentent, le plus souvent, d'une philosophie superficielle et pratiquent, surtout, cet art de vivre heureux dans lequel la vertu stoïcienne, glorifiée par de nombreux exemples, tient une grande place. Pourquoi ce vieux Caton, dont Érasme jette aux Chrétiens l'orgueilleux défi, ne se repent-il pas d'avoir vécu ? C'est parce que, citoyen intègre, magistrat incorruptible, il a laissé à la postérité de vrais monuments de sa vertu et de son génie[10].

Il entre dans la conception de cet idéal ce qu'il y a de plus discutable dans la vertu stoïcienne : la foi orgueilleuse en la force de l'individu ; et comme cette force n'est point nettement déterminée, l'idéal trop vague laissera souvent place à bien des compromis, à moins qu'il ne vienne à se retremper dans les règles nettes et précises du *Manuel* d'Épictète[11].

Voilà comment, au milieu de conditions extérieures favorables en somme au stoïcisme, on n'aboutira parfois qu'à un épicurisme susceptible de prendre des formes bien différentes, depuis l'épicurisme grossier de la jouissance des sens, dont Valla[12] et le Panormite[13] se font les apologistes, jusqu'à l'épicurisme plus raffiné de la jouissance esthétique et intellectuelle dont les humanistes sont les représentants.

Mais, à supposer même que cet épicurisme intellectuel ait été l'idéal de certains humanistes, était-il suffisant en lui-même pour discipliner les forces de la nature ? Si nous interrogeons l'histoire, un exemple, mais un seul, nous revient à l'esprit qui nous permettrait une réponse affirmative, c'est celui de Léonard de Vinci[14], pour lui « la nature avait pris plaisir à montrer en un homme l'homme même », c'est-à-dire l'homme pleinement, harmonieusement réalisé ; mais comme la nature ne renouvelle point tous les jours pareil chef-d'œuvre, il est dangereux de la prendre pour guide et de suivre indistinctement ses appels. Les instincts bas sont trop proches des tendances les plus élevées, pour ne pas conduire à un épicurisme grossier, plus vite qu'on ne le pense. La plupart des humanistes italiens en firent l'expérience ; car chez eux l'épicurisme intellectuel marcha souvent de pair avec un réel épicurisme de conduite.

Pour réagir contre cette corruption générale des mœurs, il fallait donc se tourner vers un autre idéal. Où le choisir ? Dans l'antiquité, non pas : l'expérience qui venait d'être tentée avait autorisé trop de compromis ; dans la religion, pas davantage : elle se présentait alors sous des dehors trop austères, trop dépourvus d'art. Le peuple se montre bien, il est vrai, encore fort attaché à la papauté et au clergé en général, il garde une foi très vivante et très orthodoxe[15], mais une religion sans art le rebute, et il la laisse à l'arrière-plan tandis qu'elle devrait pénétrer sa vie tout entière. Il faut autre chose à ces hommes du XVIe siècle qui sont, tous, lettrés et illettrés, entraînés, sans qu'ils s'en doutent, par le courant de cette civilisation puissante de l'antiquité qui change les âmes en les affinant, en les emplissant de sentiments nouveaux par des jouissances esthétiques sans cesse renouvelées.

Voilà pourquoi l'heure est venue de parler d'un christianisme imprégné d'un esprit tout nouveau : c'est celui de l'humanisme chrétien. Il reste d'abord dans l'orthodoxie. Pétrarque s'attaquant à la scolastique eut le courage de renier « ces docteurs gonflés de néant qui font du syllogisme le but même de la science »[16]. Mais cette critique n'empêcha point qu'il ne restât profondément chrétien : il suffit de relire ses annotations aux *Tusculanes* ou au *De Natura Deorum* pour comprendre que son *cave* si souvent répété vient avertir le lecteur que le chrétien chez lui surveille l'humaniste et qu'il y a lieu de se mettre sur ses gardes si l'on veut respecter l'orthodoxie. Mais peu à peu la liberté devient plus grande. L'humanisme est moins timide avec Sadolet[17]. Nul ne fut plus que lui ami de la culture antique, empressé à la faire partout renaître. Vivant d'une religion toute d'art, de charité, de beauté et d'amour, confiant jusqu'à l'excès dans la bonté de la nature humaine, dont il était, du reste, un si noble et si sympathique représentant, il croyait les hommes *humains* possibles à toucher et à élever par les *humanités*[18]. Convaincu que pour faire des chrétiens il faut d'abord faire des hommes, il prêcha une sagesse toute de douceur, de modération, une sagesse laïque, d'un stoïcisme très adouci, plus proche de celui d'Horace que de celui d'Épictète. Elle devait conduire d'abord au bonheur présent, puis servir d'échelon pour aller à Dieu. Son programme politique, d'accord avec celui de Léon X, fut de créer un monde d'honnêtes gens, où une élite seule gouvernerait, où par conséquent la politique se confondrait avec la morale[19]. Eh bien ! cet humaniste chrétien parut suspect à quelques-uns ; on accusa Sadolet d'épicurisme ou d'indifférence, parce qu'il aima trop la vie en ce qu'elle a de vraiment beau et que, pour ne pas sentir les amertumes de l'existence politique, il préféra se rejeter avec passion sur ses livres et ses amis et se désintéresser des querelles de dogme. À côté de lui, combien furent jugés plus suspects encore les Bembo, les Contarini, les Fregoso, les Pôle, lorsque l'intransigeant et autoritaire Caraffa devint pape sous le nom de Paul IV[20] !

S'il y eut donc, d'une part, méfiance vis-à-vis de ces humanistes, souvent trop proches d'un paganisme épicurien, et, de l'autre, dégoût ou antipathie pour ces catholiques trop rigoureux qui s'étaient éveillés à la voix de Savonarole cherchant à faire revivre sans art la pure et simple morale chrétienne, il ne restait plus qu'à revenir à une morale moyenne faite de stoïcisme, mais d'un stoïcisme mitigé capable de réagir contre l'épicurisme, mais aussi capable de s'adapter à l'esprit nouveau et à la tradition chrétienne. L'histoire est là, du reste, pour prouver la possibilité de cette adaptation.

Le stoïcisme était en effet la seule philosophie qui convînt aux âmes de ce temps en quête d'un idéal, car il a toujours été le refuge des âmes nobles, aux périodes de troubles.

Que demandent Cicéron, Sénèque ou Marc-Aurèle à cette belle et saine doctrine ? La paix de l'âme au milieu des orages de la vie politique, quelques lumières sur les grands problèmes de notre destinée. Mais c'est précisément ce que l'on cherche en pleine Renaissance italienne, lorsque chacun sent le besoin de se refaire, un peu à sa guise, il est vrai, une vie morale et religieuse, assez proche de la vie chrétienne, sans être en opposition avec les conceptions et les sentiments nouveaux.

Le stoïcisme offrait tout cela à la fois. Il avait un point de contact avec le christianisme : la notion du Dieu Providence, et il révélait, de plus, au travers de ces *Vies des philosophes* de Diogène de Laërte que traduit de bonne heure Ambrogio Traversari[21], des types d'une grandeur et d'une beauté singulière, tout glorieux de leur seule vertu et agrandis encore par le recul du passé. Ces exemples concrets permettent de pénétrer jusqu'à l'âme stoïcienne. Cicéron, Sénèque, n'apparaîtront plus seulement comme de parfaits modèles d'un latin pur et élégant, mais comme des amis, des conseillers, auprès desquels on peut trouver consolation et apprendre cet art de la vie, si difficile à des époques troublées comme celle que l'on traverse alors, où le malheur guette les plus heureux, où les fortunes sont si rapides qu'un rien suffit pour les jeter par terre. Il est donc bon d'apprendre à se fortifier contre les coups inattendus du sort, et de prendre exemple sur les hommes illustres qui les ont courageusement supportés.

Pogge écrit dans cette pensée les *Historiæ de varietate fortunæ*[22] ; Tristano Caracciolo reprend le même sujet. *De varietate fortunæ*[23], sous une forme plus historique et plus philosophique peut-être. C'est encore un *De fortuna* que nous présente sous forme de lettre Enea Silvio[24]. Ils rendent ainsi tous plus ou moins hommage au destin stoïcien, auquel il est nécessaire de se soumettre et dont il faut accepter avec résignation les inexorables arrêts. Les vertus stoïciennes sont là, du reste, pour donner la force morale. Rappelons seulement quelques titres de chapitres d'un petit traité de morale de Gioviano Pontano à la manière stoïcienne, le *De fortitudine*[25] : « quas passiones fortitudo moderatur, de toleranda paupertate, de tolerandis incuriis et contumeliis. » Ils nous indiquent nettement ce que l'on va chercher dans cette morale si bien appropriée au temps présent.

Elle peut donc être acceptée par tous, car elle convient à merveille aux besoins nouveaux : elle suffira aux irréligieux pour vivre une vie d'honnête homme et les dispenser en même temps de toute religion ; elle peut, d'autre part, pour les âmes religieuses qui veulent rester fidèles au catholicisme, servir d'échelon pour parvenir à une vie plus haute : la vie chrétienne, dans ce qu'elle a de surnaturel.

Mais cette reprise du stoïcisme, telle que nous venons de l'indiquer, n'est que superficielle ; elle ne va pas au-delà de la morale pratique. Il serait donc intéressant d'étudier si les philosophes et les vrais penseurs n'ont point poussé jusqu'à la métaphysique cette restauration du stoïcisme. Pour cela, rappelons d'abord comment la pensée philosophique s'était transformée, sous l'impulsion du grand courant de la Renaissance. Brisant les cadres anciens, dans lesquels elle semblait à tout jamais fixée, elle s'était, à la suite des efforts patients et courageux des prédécesseurs de Copernic, orientée vers une méthode vraiment scientifique. D'une part, reconnaissant l'insuffisance des expériences antérieures, elle cherche à détruire la science du passé pour préparer la science de l'avenir ; de l'autre, luttant contre la vaine logomachie du syllogisme, qu'elle poursuit de ses railleries, elle veut la remplacer par un certain rationalisme, qui se trouvera tout proche du rationalisme stoïcien, ou bien encore elle fait effort pour abattre cette orgueilleuse raison, dans ses manifestations les plus belles de la philosophie antique, et lui substituer la foi en la révélation. Sous ces trois aspects, la pensée philosophique sembla aboutir aune sorte de scepticisme, apparent sans doute, car il consiste surtout à élever un dogmatisme sur les ruines d'un autre dogmatisme.

Voyons le grand Léonard de Vinci, qui inaugure la science moderne. Il se préoccupe fort peu de scolastique et de théologie ; « son heureuse ignorance l'affranchit sans qu'il y songe[26] ». Il est tout entier à ses découvertes, interrogeant la nature avec un esprit d'observation vraiment scientifique, sans craindre de contredire l'expérience du passé. Il ouvrait ainsi, en combinant ingénieusement l'expérience avec la pensée exacte, une voie nouvelle à la science. Même genre de scepticisme chez Pomponace, esprit hardi, lucide, lorsqu'il distingue subtilement le spéculatif du pratique ; le philosophe, chez lui, se désintéresse du croyant. Il n'accepte aucune entrave au libre mouvement de l'esprit ; il se trouve alors que la raison le conduit à la métaphysique stoïcienne. Les réformés aboutirent au même point lorsque, entraînés par leur esprit de libre examen, ils secouèrent le joug de l'autorité et de la tradition, et se trouvèrent, comme les humanistes et comme les philosophes, en face du stoïcisme ; tant il est vrai que cette doctrine, profondément pratique et profondément humaine, est aussi l'expression la plus pure du rationalisme.

François Pic de la Mirandole ne rencontrera pas directement le stoïcisme, mais il lui laissera une certaine place en montrant la vanité de toutes les autres philosophies anciennes, qui ne sont pas le développement direct de la révélation. D'autres pourront, après lui, profiter de la partie négative de son œuvre sans utiliser son dogmatisme, et ceux-là pourront être des stoïciens[27].

Le scepticisme, entendu de cette sorte, c'est-à-dire comme scepticisme relatif, quoiqu'il ne fasse pas toujours appel direct au stoïcisme, lui est cependant favorable en ce sens que, rompant avec le passé, il laisse le champ libre à un nouveau dogmatisme. Pourquoi ce dogmatisme ne serait-il pas le dogmatisme stoïcien ? Cette philosophie se répand sous une forme pratique ; pourquoi ne se répandrait-elle pas sous une forme plus philosophique ? Peut-être y aurait-il lieu de distinguer, à côté d'une renaissance de la morale stoïcienne, une renaissance plus complète de la philosophie stoïcienne, où la métaphysique aurait sa place[28].

Ainsi de tous côtés, et par les transformations extérieures des conditions de vie, et par le travail intérieur qui se fait dans l'homme, sous cette double poussée du dedans et du dehors, une place est faite au stoïcisme. C'est qu'il répond aux besoins nouveaux, aux exigences de la raison, en même temps qu'il réagit contre des mœurs dissolues et contre un passé qui semble peser trop lourdement sur ces intelligences avides de lumière et de liberté. Comme, d'autre part, les partisans de ce passé ne se sont point montrés hostiles à une restauration du stoïcisme, à condition toutefois de l'entendre d'une certaine manière, c'est leur attitude qui prévaudra, car elle est toute de conciliation. Pétrarque est l'initiateur de ce mouvement qui aboutira à une sorte de stoïcisme christianisé, et que nous pourrons appeler le néo-stoïcisme.

Le néo-stoïcisme, à quelque degré qu'on l'envisage, qu'on le considère en Italie, en France ou en Allemagne à ses débuts, qu'il soit défendu par un Pétrarque[29] ou un Sadolet[30], par des savants ou pédagogues célèbres, comme Ambrogio Traversari[31] ou Victorin de Feltre[32], ou par de consciencieux humanistes foncièrement chrétiens, comme Gaguin[33] et Budé[34] en France, ou encore par un sceptique comme Érasme[35], met en relief les points communs aux deux doctrines, laissant volontiers dans l'ombre les divergences de dogme. L'assimilation se fait alors d'elle-même. Christianisme et stoïcisme ont accordé tous deux une place prépondérante à la morale, au devoir dont ils ont dégagé les caractères sacrés d'obligation et d'universalité, en les rattachant, l'un, au Dieu Raison se confondant avec la Nature, l'autre, au Dieu personnel, dictant ses lois dans le Décalogue, et les précisant par l'enseignement du Christ-Dieu, dans l'Évangile de la loi nouvelle. De part et d'autre, ce Dieu, qu'il soit Nature ou Personne, est Providence, infiniment bon, tout-puissant. Sa volonté est la suprême régulatrice de nos vies ; en dernière analyse, la loi morale peut donc se formuler ainsi : conformer sa volonté à la volonté de Dieu.

« Père, que ta volonté soit faite et non la mienne ! », dira simplement Jésus au Jardin des Oliviers.

« Ô monde, j'aime ce que tu aimes, donne-moi ce que tu veux, reprends-moi tout ce que tu récuses, ce qui t'accommode m'accommode ; tout vient de toi, rentre en toi », dira Marc-Aurèle, dans sa foi panthéiste.

Si l'on veut résumer d'un mot ce qui fait le lien entre les deux philosophies, il faut reconnaître que toutes deux répondent aux besoins les plus profonds du cœur de l'homme par leur morale vraiment religieuse. Personne mieux qu'Épictète n'a parlé de la piété envers les dieux, qui consiste « à croire qu'ils existent et qu'ils gouvernent toutes choses avec un ordre et une justesse admirables », de l'obéissance qu'on leur doit « parce que tout est réglé par une pensée souverainement sage », des rites religieux qu'il faut « offrir suivant les coutumes de son pays avec un cœur pur, sans retard et sans négligence, sans avarice et sans dépasser ses moyens[36] ». Où chercher une formule plus nette et plus complète d'une morale religieuse ? Les Italiens de la Renaissance le comprirent[37].

La restauration du stoïcisme s'imposait à cette société brillante, mais corrompue, comme une discipline nécessaire[38]. Elle offrait aussi un aliment aux aspirations les plus élevées de l'âme, et c'est ce qui contribua à son succès, plus peut-être que les travaux de vulgarisation des érudits, qui se multiplièrent en Allemagne.

1. ↑ Cf. Monnier, *Quattrocento* (Paris, 1901), t. II, ch. ii.

2. ↑ *Ibid.*

3. ↑ Cf. Pastor, *Histoire des Papes depuis la fin du Moyen Age*, trad. Furcy Raynaud, vol. I (Paris, 1901).

4. ↑ Cf. G. Voigt, *Enea Silvio de' Piccolomini als Papst Pius der Zweite und sein Zeitalter*, 3 vol. (Berlin, 1856-1863) ; *Die Wiederbelebung des classischen Alterthunis*, 2 vol. (Berlin, 1880-1881). Cf. Burckhardt, *La civilisation en Italie au temps de la Renaissance*, trad. Schmiit, vol. I, chap. iii (Paris, 1885).

5. ↑ Cf. Vast, *Le cardinal Bessarion* (Paris, 1878).

6. ↑ Ch. Nisard, *Les gladiateurs de la République des Lettres* (Paris, 1860).

7. ↑ *Ibid.*

8. ↑ Cf. Brunetière, *Manuel de l'Histoire de la Littérature française* (Paris, 1809), p. 60.

9. ↑ Cf. Brunetière, *ouvr. cité*, p. 50.

10. ↑ Cf. Feugère, *Érasme* (Paris, 1874).

11. ↑ La première traduction latine qui vraiment vulgarise le *Manuel* d'Épictète est celle de Politien (*Opera*, Venise, 1498).

12. ↑ Cf. Valla, *De Voluptate* (*Opera*, Basileœ, 1519, p. 896-999).

13. ↑ Antonio Beccadelli dit Panormita. Cf. à ce sujet Voigt, *Wiederbelebung*, 2ᵉ éd., t. I, p. 484 et suiv.

14. ↑ Cf. Gabriel Séailles, *Léonard de Vinci ; l'artiste et le savant* (Paris, 1906).

15. ↑ Cf. Dejob, *La foi religieuse en Italie au XVIᵉ siècle*, chap. ix (Paris, 1906).

16. ↑ Cf. P. de Nolhac, *Pétrarque et l'humanisme*, nouv. éd. (Paris, 1907), p. 6-7.

17. ↑ Cf. R. de Maulde La Clavière, *Saint Gaétan* (Paris, 1902).

18. ↑ *Ibid.*, chap. v. Sadolet, *Hortensius*, dans les *Opera omnia* (Veronæ, 1737-1738).

19. ↑ De Maulde La Clavière, *op. cit.*

20. ↑ *Ibid.*, chap. ix.

21. ↑ Ambrogio Traversari, général de l'ordre des Camaldules, traduisit sur les instances de Cosme de Médicis les *Vies des philosophes* de Diogène de Laërte. Il en parut ensuite une édition corrigée par Benedetto Brognoli (Venise, 1473).

22. ↑ Cf. Poggii Bracciolini Florentini *Historiœ de varietate fortunœ* (édition de Paris, 1723), livre I : *De fortunœ varietate urbis Romœ*.

23. ↑ Cf. Tristanus Caracciolus, *De varietate fortunœ*, dans les *Rerum Italicarum scriptores* de Muratori, vol. XXII.

24. ↑ Aeneas Sylvius. *Epistola de fortuna* (B. N. Rés. R. 1149).

25. ↑ Joannes Jovianus Pontanus, *De fortitudine* (*Opera*, Lyon, 1514).

26. ↑ Cf. Séailles, ouvr. cité, chap. 1.

27. ↑ Jean-François Pic de la Mirandole, neveu du grand Jean Pic de la Mirandole, voyant, d'un côté, l'humanisme grandir et oublier le christianisme, et, de l'autre, la philosophie d'Aristote appuyer l'autorité d'une façon excessive, publia ce fameux ouvrage dont le titre est presque un résumé de ce qu'il contient : *Examen varietatis doctrinæ gentium et veritatis christianæ disciplinæ distinctum in libros* VI *: quorum tres priores omnem philosophorum sectam universim, reliqui aristoteleam et aristoteleis armis particulatim impugnant, ubicumque autem christiana et asseritur et celebratur disciplina.* Cf. à ce sujet F. Strowski, *Montaigne.*

28. ↑ Il est impossible, dans un tableau d'ensemble, de donner une solution à ce problème ; nous le reprendrons plus loin.

29. ↑ Pétrarque prendra comme garantie de la méthode de conciliation saint Augustin, dont il dira : « Ce grand docteur de l'Église ne rougissait pas de prendre Cicéron pour guide, bien que celui-ci poursuivît un but différent du sien. »

30. ↑ Cf. l'*Hortensius*, déjà cité.

31. ↑ Celui qui fit la traduction de Diogène de Laërte. Son monastère de Sainte-Marie-des-Anges, à Florence, était le rendez-vous de tous les lettrés et savants.

32. ↑ Victorin de Feltre tient une école célèbre à Mantoue, et de tous côtés, de France, d'Allemagne et des Pays-Bas on accourt auprès de lui dans sa Casa giocosa.

33. ↑ Gaguin a reconnu dans ses *Epistolæ et Orationes* (édition Thuasne, 2 vol. in-16, 1903) que chez les Anciens on peut trouver des pensées isolées propres à illustrer les vérités chrétiennes, que même certains d'entre eux professent des doctrines qu'il est facile de concilier avec les dogmes de la foi, entre autres Platon et les Stoïciens.

34. ↑ Budé, dans son *De transitu hellenismi ad christianismum* (Paris, 1535) très en vogue au XVIᵉ siècle, ainsi que sa traduction de la fameuse lettre de saint Basile *De vita per solitudinem transigenda* (Paris, 1502, in-8º), soutient que la culture profane, loin d'être un obstacle à la théologie, en est, en quelque sorte le prologue naturel (et dans cette culture profane nous savons la place qu'occupent les stoïciens latins).

35. ↑ Érasme pose aussi en fait que l'exemple des sages stoïciens pourra faire honte aux mauvais chrétiens : « Combien peu de chrétiens vivent de

manière à pouvoir répéter pour eux-mêmes la parole du vieux Caton : *nec me vixisse pœnitebit !* »

36. ↑ Cf. *Manuel* d'Épictète, ch. XXXI.

37. ↑ La tentative de Pomponius Lætus témoigne de ce besoin de morale religieuse. Le philosophe essaye de vivre à la manière antique, comme un Caton ; il se rend dès l'aube à l'Université, où l'attendaient une foule d'élèves avides de ses paroles ; il fonde une sorte d'Académie où l'on entrait avec des noms païens ; certaines fêtes païennes furent même instituées par lui. Cf. Pastor, ouvr. cité, t. IV. ch. 11.

38. ↑ Pour s'en rendre compte, il suffit de relire les préfaces des premières rééditions du *Manuel* d'Épictète, celle de Politien, par exemple. — Cf. édition d'ensemble : *Omnia opera Angeli Politiani* (Venise, 1498. in-folio) ; le quatrième ouvrage, qui est une traduction latine du *Manuel*, est accompagné, en guise de préface, de deux lettres fort significatives, adressées, l'une, à Laurent de Médicis, l'autre, à Bartolommeo Scala, protégé de Cosme et de Laurent de Médicis et qui devint l'ennemi personnel de Politien. Partout Épictète est loué de la fermeté et de l'élévation de ses préceptes et de sa piété envers les dieux.